MUSÉE
DE
VERSAILLES

ESSAI HISTORIQUE

SUR

LE MUSÉE DE VERSAILLES,

Par J. TAPIE,

DOCTEUR ÈS SCIENCES, MAÎTRE EN PHARMACIE DE LA FACULTÉ DE
PARIS, PROFESSEUR DE CHIMIE ET DE MATIÈRE MÉDICALE,
MEMBRE CORRESPONDANT DES SOCIÉTÉS DE MÉDECINE
DE SAINT-PÉTERSBOURG, SARRAGOSSE, ETC.

BORDEAUX,

IMPRIMERIE DE H. GAZAY ET COMP., RUE GOUVION, 16.

1844

A MONSEIGNEUR LE DUC DE NEMOURS.

Monseigneur,

La haute protection que vous accordez aux sciences et aux lettres me donne la confiance de vous offrir l'hommage d'un travail que j'ai publié sur un des monuments les plus importants de notre époque, monument dû à la munificence de votre auguste Père.

Daignez, Monseigneur, accueillir avec bienveillance cet hommage de votre très-humble serviteur et fidèle sujet.

J. TAPIE,
Pharmacien de la Faculté de Paris,
Docteur ès sciences.

MUSÉE HISTORIQUE
DE VERSAILLES

—

Ire PARTIE.

Une idée grande et nouvelle a été conçue, et malgré les difficultés qui semblaient en rendre l'exécution impossible, elle se trouve accomplie. Le Musée historique de Versailles présente un monument érigé à la vertu patriotique, au génie, aux sciences et aux beaux-arts. Il renferme, pour ainsi dire, dans le même cadre, le tableau de toutes les gloires du plus grand et du plus antique royaume de l'Europe, depuis Clovis jusqu'à nos jours. Établissement glorieux qui charme à la fois l'œil et l'esprit, qui offre à l'émulation de la jeunesse un vaste champ et des avantages immenses dans le cours de ses études.

Gloire et mille grâces au gouvernement qui honore la mémoire des hommes illustres avec une grandeur digne d'eux et qui encourage les beaux-arts en récompensant les talens de tous les âges ! Honneur aux savans dont les travaux, secondant les larges vues de l'auteur d'une pensée sublime, ont produit le bel œuvre qui ajoute aux richesses du Louvre et des Tuileries, un nouveau Musée, dont la magnificence a déjà retenti chez les nations étrangères. Ce n'est pas seulement une superbe exposition des grands caractères que la France a produits dans tous les genres, on y admire encore les tableaux qui représentent les faits d'armes glorieux de la valeur et de la vertu des Français. Guerriers, marins, ministres, dignitaires de l'église,

» Barbazan le titre glorieux de *restaurateur du royaume et*
» *de la couronne de France*. Ce titre est énoncé dans les
» lettres-patentes de Charles VII, qui lui confirma aussi
» celui de chevalier sans reproche, et lui permit même de
» porter dans ses armes les trois fleurs de lis de France
» sans brisure.

» La maison de Faudoas les porte encore aujourd'hui,
» parce qu'Arnauld-Guillaume de Barbazan, quoiqu'il eût
» une fille de Sébille de Montaut, sa femme, appela à sa
» succession Bernard de Faudoas, son neveu, fils aîné de
» sa sœur, nommée Oudine de Barbazan, qui avait été ma-
» riée à Louis de Faudoas, baron de Faudoas et de Monta-
» gut, qualifié, comme ses ancêtres, premier baron chré-
» tien de Guienne, sorti d'une des plus distinguées familles
» de cette province, qui a produit les branches des comtes
» de Serillac et de Belin Averton (dans le Maine, dont était
» François de Faudoas, gouverneur de Paris et chevalier
» des ordres du roi sous Henri IV) et celle des seigneurs
» de Seguenville en Guienne.

» Le seigneur de Barbazan, ayant été pris par les Anglais,
» dans une occasion, ils le laissèrent languir sept années
» dans une obscure prison au château Gaillard, à sept lieues
» de Rouen, jusqu'à ce que le brave La Hire l'en délivra en
» 1430, ayant surpris le château par escalade. Il fut dan-
» gereusement blessé l'an 1432, en combattant vaillamment
» à la bataille de Belleville, près de Nancy, où Charles VII
» l'avait envoyé au secours de René de Bar, duc de Lor-
» raine, contre Antoine de Lorraine, comte de Vaudemont,
» et y resta prisonnier; mais il ne mourut que près de six
» mois après. Le roi fit porter le corps de ce grand homme
» dans l'église de Saint-Denis, lieu de la sépulture ordi-
» naire des rois de France, et ordonna qu'il y fût enterré
» avec les mêmes honneurs et cérémonies qu'on avait cou-
» tume de faire aux obsèques des rois. Il fut mis dans la

» chapelle de Charles V, sous un tombeau élevé de bronze,
» sur lequel est posée son effigie avec deux belles inscrip-
» tions qu'on y voit encore aujourd'hui (1) en latin et en
» français. »

Autorités sur lesquelles l'auteur du Dictionnaire historique a basé son article biographique du chevalier de Barbazan.

1° Duchêne. Histoire de la maison Duplessis Richelieu.

2° Histoire d'Angleterre.

3° Le Laboureur. Histoire de Charles VI.

4° Octavien de Saint-Gelais, évêque d'Angoulême, en son séjour d'honneur.

5° Jean Chartier. Chronique de Saint-Denys.

6° Alain Chartier. Histoire de Charles V et de Charles VI.

7° Rouillard. Histoire de la ville de Melun.

8° Mézerai. Histoire de France.

9° Du Boucher. Histoire générale de la maison de Montmorin.

10° Le père Félibien. Histoire de l'abbaye de Saint-Denys.

---

(1) Il faut entendre par le mot *aujourd'hui*, l'époque où le docteur Moreri fit imprimer son ouvrage, il y a environ deux cents ans. Tous les monumens de l'abbaye de Saint-Denis furent détruits dans la révolution de 1793.

MUSÉE DE VERSAILLES.

POUR SERVIR D'INTRODUCTION

A LA BIBLIOTHÈQUE ROYALE DE VERSAILLES,

Le 7 novembre 1837.

Extrait du Dictionnaire historique de Louis Moreri, docteur en théologie.

BARBAZAN.

« Arnaud-Guillaume, baron de Barbazan en Gascogne,
» premier chambellan de Charles VII, gouverneur de Cham-
» pagne et de Laonnois, général des armées de Sa Ma-
» jesté, etc. On reconnut tant d'honneur dans toutes ses
» actions, qu'on le nomma chevalier sans reproche. Le roi
» Charles VII même l'honora de ce beau titre, et le fit
» graver avec la devise, *Ut lapsu graviore ruant,* sur le
» sabre dont il lui fit présent après la victoire que ce vail-
» lant homme remporta sur les Anglais dans un combat
» singulier, au mois de mai de l'an 1404, devant le château
» de Montendre en Saintonge. Le roi avait choisi Barbazan
» pour être chef de six chevaliers français, et combattre
» contre autant d'Anglais, dont le chef était le chevalier de
» l'Escale. Ce combat se donna à la tête des deux armées
» de France et d'Angleterre, en présence de Jean de Har-
» pedène, seigneur de Belleville et sénéchal de Saintonge,
» nommé par le roi de France, et du comte de Rutland,
» nommé par les Anglais. Barbazan porta par terre le che-
» valier de l'Escale d'un coup de lance. Les autres Anglais
» furent défaits et le seigneur de Belleville ramena les Fran-
» çais victorieux à la cour. Le roi donna au chevalier de

poètes, historiens, peintres, sculpteurs éminens, tous les hommes enfin, dont les services ou les talens leur ont mérité une place marquante dans les annales, se trouvent réunis et placés, à peu d'exceptions près, selon l'ordre chronologique, dans les brillantes galeries et les salles magnifiques d'un des plus beaux palais du monde, dont toutes les beautés seraient difficiles à décrire. Là, se montrent dans la plus grande splendeur, l'ancienne et la nouvelle France ! Spectacle ravissant pour les Français doués de connaissances, de l'amour des arts et d'une belle ame ! Ils parcourent en peu d'heures les nombreux siècles de la vénérable monarchie. Leur esprit est tout à coup frappé de souvenirs qui, en élevant l'ame à de hautes pensées, inspirent le désir ardent de marcher sur les traces des hommes que la peinture et la sculpture offrent à leurs yeux, et qu'ils admirent. Ils observent les grands événemens survenus en succession, méditent les faits mémorables des héros de leur pays, et quelquefois les vertus ou les talens de leurs ancêtres excitent en eux une noble émulation. Ils se trouvent en même temps sur les deux points extrêmes, et jouissent à la fois du présent et du passé. Malheureusement, il n'est pas donné à tout le monde de goûter cette jouissance dans toute son étendue ? Les gens qui n'ont ni instruction, ni goût, les esprits froids ou sujets à des préventions mal fondées, doivent en être privés ; mais il n'est guère possible de voir aujourd'hui les superbes galeries de Versailles, sans être remué par les douces sensations qu'un être raisonnable éprouve à la vue d'un monument dont la grandeur et la magnificence surpassent tout ce qu'on avait déjà admiré ; à la vue d'un Musée historique, disons-nous, qui honore toutes les vertus. A quelque parti que l'on tienne, le bon sens dit, à part les préjugés et les coteries, que les progrès des sciences, des lettres et des arts sont un bien général, et que l'homme doué de la raison ne saurait en disconvenir, sans descendre du rang supérieur où la Toute-Puissance l'a placé. Sur un point aussi important, l'esprit de parti devrait se perdre dans un accord universel ; mais par suite des bouleversemens survenus depuis près d'un demi-siècle, cet esprit malfaisant a divisé les hommes, au point qu'il est presqu'impossible aujourd'hui de trouver la concorde d'où découlent la paix et le bonheur d'un grand peuple. Les passions, la faiblesse, et peut-être l'injustice, ont tellement faussé les esprits, qu'on ne peut reconnaître rien de bon dans l'œuvre d'un adversaire, lors même que le monde retentit des justes louanges que la voix publique lui prodigue. On a pu observer que le jugement rendu par certains journaux contre le Musée de Versailles, avait été dicté par la haine ou la prévention, nées de l'esprit de discorde, et que la vérité avait été bannie de leurs colonnes pour faire place à des sarcasmes aussi injustes qu'indécens.

Il est vrai que tous les tableaux, toutes les statues et tous les bustes ne sont pas exécutés avec le même talent. On en trouve un grand nombre qui ont un mérite supérieur; leur beauté reflète une lumière défavorable sur d'autres qui ne sont pas parvenus au même degré de perfection ; mais cette disparité, loin d'être un juste sujet de critique, mérite des louanges ; elle prouve que l'auteur de ce superbe établissement a voulu encourager les beaux-arts en employant des artistes d'un mérite moins relevé, dont les talens, encore dans l'adolescence, donnent lieu d'espérer qu'ils parviendront avec l'âge à la force de leurs maîtres. D'ailleurs ce n'est point un cabinet de chefs-d'œuvre des arts offert à la vue du public. Annoncé d'abord comme Musée historique, la représentation des plus grands personnages, de leurs hauts faits et des événemens mémorables remplit le dessein proposé. La promesse est accomplie; le courage, la vertu patriotique et les talens recueillent l'hommage qui leur est dû. Une exécution supérieure partout serait sans doute un surcroît de plaisir pour les amateurs des sciences et des arts; mais elle ne pourrait ajouter à la gloire des héros qu'on honore ; ils n'y perdraient rien non plus, quand bien même les canevas et les marbres qui les représentent seraient à un aussi bas degré que celui où les critiques sévères se sont plu à les placer. Les peintres, les sculpteurs de toutes les écoles, parvenus à la plus grande célébrité, ont fait d'abord des ouvrages médiocres. Ce n'est qu'à l'encouragement qu'ils trouvèrent dans leur jeunesse, que le monde est redevable des chefs-d'œuvre dont ils l'ont enrichi, de ces tableaux et de ces statues si célébrés par les historiens, si admirés des virtuoses, et que les connaisseurs riches de tous les pays achètent à de très hauts prix. Ces ouvrages admirables sont le fruit de la première récompense que les artistes reçurent dans leur jeunesse. Mais le critique que l'esprit de parti aveugle ne tient aucun compte de ces vérités importantes. Si son œil n'est pas frappé au premier regard par quelque défaut, il fouille jusqu'au fond de son imagination pour en découvrir ou pour en créer. La plus petite erreur et le moindre oubli sont des sujets qui flattent le penchant qui le domine: emporté par sa mauvaise passion, il ne peut reconnaître que, dans un travail aussi vaste que difficile, il est impossible d'arriver du premier abord à un accomplissement parfait. Quoi qu'on fasse dans une entreprise majeure, il restera toujours quelque chose à faire, et ce que le critique exige péremptoirement ne peut s'obtenir qu'avec le temps, l'étude et une longue méditation.

Il faut bien avouer qu'il manque à cette superbe collection des caractères illustres qui méritent d'y occuper une place distinguée. Loin de jeter le blâme sur les directeurs, on doit leur rendre la justice de croire que l'inadvertance est la véritable cause des lacunes qui existent, et qu'on fera le meilleur accueil aux observations des personnes éclairées qui réclament sans partialité, autant pour l'honneur du Musée même que pour celui des grands hommes qui ont été oubliés; et malgré les difficultés qu'offre l'ordre déjà établi dans les galeries et les salles, on fera, il ne faut pas en douter, tout ce qu'il est possible de faire pour donner aux héros qui manquent au Musée, une place analogue à celle qu'ils occupent dans l'histoire de leur pays.

Des obstacles invincibles repoussent les nombreuses réclamations que l'amour-propre pourrait adresser au gouvernement. Si quelques familles d'un certain rang dans le monde se trouvent blessées de ne pas trouver leurs noms dans les catalogues, elles doivent considérer d'abord que les services rendus à la patrie, les vertus, les talens doivent être jugés la balance à la main, et que le mérite a ses degrés. L'auteur du Musée historique n'a pu concevoir l'idée d'y faire entrer tous les caractères du second ordre. S'il fallait céder aux demandes des parens ou des amis de ces derniers, au lieu d'un palais comme celui de Versailles, unique par sa position et peut-être le plus vaste qui soit en Europe, il en faudrait plusieurs d'une étendue aussi considérable pour satisfaire à toutes les réclamations que l'on pourrait adresser à M. l'intendant de la liste civile. Lorsque les hommes les plus distingués qui ont rendu des services éminens à la France, par leurs exploits ou leurs talens, y sont à leur place, on ne peut se plaindre ni blâmer justement; des ombres des morts doivent être satisfaites, et les vivans n'ont qu'à jouir, qu'à rendre grâce et justice à qui de droit.

IIe PARTIE.

Le patriotisme fut toujours regardé, chez les anciens et les modernes, comme la plus noble de toutes les vertus sociales ; aussi les nations civilisées lui ont-elles érigé le plus grand nombre de monumens. Sous ce rapport, les Français ne le cèdent à aucun autre peuple. Versailles en offre aujourd'hui plusieurs milliers sous les lambris d'un seul édifice. C'est, disons-nous, dans un palais consacré en grande partie à la valeur et au génie, qu'un concours immense de savans, d'amateurs et de curieux de divers pays, vont jouir de la vue d'un Musée superbe qui, en rappelant des faits dignes de remplir la mémoire, réunit l'instruction, l'amusement et la magnificence. Le patriotisme devrait être envisagé sous deux points de vue ; il semble que, sans s'écarter de la droite raison, on peut établir qu'il y a une patrie naturelle et une patrie politique.

Il arrive trop souvent que l'amour d'un patriote généreux se trouve partagé entre ces deux patries. On n'a pas besoin de chercher à résoudre la difficulté de savoir laquelle a droit à la meilleure part de son dévouement, puisque la nature même a décidé la question. La patrie politique, selon l'acception qu'on se permet d'adopter, est le grand Etat auquel nous avons été incorporés dans la suite des siècles, soit par droit de conquête, soit par un pacte de convenance réciproque. Sous ce rapport, la France est la patrie des habitans des quatre points de ce grand royaume. Ils se doivent à elle sans réserve lorsqu'il s'agit de défendre son indépendance, ses droits, sa gloire et son honneur. Il ne peut exister de dissidence sur ce point ; l'amour dû au corps de l'Etat unit tous ses membres par un seul et même lien. Mais la patrie politique n'est point stable; car il est arrivé, à différentes époques, des guerres et des troubles civils qui ont désuni les contrées qui formaient l'empire : on en trouve un exemple frappant dans les Belges. En moins d'un demi-siècle ils ont subi le joug de trois puissans potentats, et se trouvent maintenant rendus à eux-mêmes. Leur patrie naturelle est la Belgique, devenue plus chère à cause des maux qu'elle a dû souffrir durant les dissensions occasionnées par les bouleversemens. L'expérience malheureusement a prouvé que les désunions civiles ont toujours pour résultat l'anarchie, les meurtres, les vols et les incendies. Dans ces temps déplorables le contrat social est dissous. Le pays natal, ce petit cercle où l'on a reçu le jour, l'éducation, et passé les premières années de la jeunesse est la véritable mère patrie, à laquelle on est attaché par des liens naturels, plus forts et plus durables que ceux que la politique humaine a formés. Aussi aime-t-on à faire les plus grands efforts pour soutenir les droits et l'honneur du canton où Dieu nous a fait naître.

Le Musée de Versailles pourrait être considéré comme un trésor de gloire que le gouvernement s'est donné la peine de recueillir et qu'il a bien voulu exposer à la vue du public pour l'instruire. Les provinces de l'ancienne France, comme les départemens de la nouvelle, ont fourni leur contingent d'honneur, et l'ensemble est une espèce de souscription provenant de chaque pays. Il est donc bien juste que les titres des souscripteurs soient exposés pour que chacun sache ce qu'il a fourni, et il est permis à de vrais patriotes de faire des réclamations contre un oubli qui blesse l'amour-propre en privant la mère patrie de l'honneur qui lui est dû. C'est, d'après cette maxime, que l'auteur, plus qu'octogénaire, s'est permis de réclamer, sans la moindre idée de blâme contre le Musée, ni contre l'érudition de ceux qui ont travaillé à le former. Il est permis d'ignorer ou d'oublier qu'il existait au commencement du cinquième siècle, un héros français dont la gloire n'a jamais été éclipsée depuis lors, ni, avant ce temps-là, par aucun de ses illustres compatriotes. L'époque reculée où il se distingua d'une manière éclatante sous le règne de Charles VII, le tas de chroniques gauloises sous le poids desquelles le premier Bayard est resté enfoui, et d'autres raisons plus puissantes encore, qu'on tâchera d'éclaircir dans la suite de cet essai, doivent être la cause véritable de la lacune qu'on a signalée. Il appartient à un ami des sciences et des arts, qui chérit son pays natal et qui se glorifie des hommes illustres qu'il a produits, de défendre les droits de sa patrie naturelle. Son ame généreuse se sent humiliée de ne pas trouver dans la réunion des plus nobles caractères que la France ait produits, l'illustre compatriote qui a un droit incontestable à une des premières places dans l'assemblage honorable qu'on a formé au château de Versailles. Si, au lieu d'accorder au zèle patriotique d'un vieillard l'assentiment qu'il croit mériter, on blâmait ses efforts, ce serait, on ose le dire, une injustice qui n'empêcherait point le patriote vrai et loyal de persister à soutenir que le combat de Montendre est un des plus glorieux pour la monarchie fondée par Clovis; et qui, sans rien blâmer de ce qu'on voit au Musée, est d'un plus grand intérêt pour la France et le nom Français, que celui de trente Bretons contre trente Anglais, au chêne de Mi-Voy, qui eut lieu le 27 mars 1351.

La Guienne a produit sa part de guerriers illustres et de savans. Sans vouloir imiter un auteur moderne qui fait un pompeux étalage du grand nombre d'hommes marquans que son pays a donnés à l'Etat, il nous suffira d'en citer deux de l'ancienne France et deux de la nouvelle, pour faire, aux habitans de notre pays, la part d'honneur et de gloire qu'ils peuvent désirer. C'est la patrie du bon, du vaillant roi Henri IV et de l'illustre baron de Barbazan, premier chevalier sans reproche inscrit dans les annales avant le chevalier Bayard, et le seul qui ait été honoré, par lettres-patentes de son roi, du titre glorieux de Restaurateur du trône et de la couronne.

Du temps de la nouvelle France, les départemens du Gers et des Basses-Pyrénées ont produit deux soldats qui, par leur valeur et leurs talens, se sont élevés aux plus hautes dignités de l'armée. Un de ces illustres guerriers a fini glorieusement sa carrière en combattant pour sa patrie, et l'autre est aujourd'hui assis sur un trône du Nord. Si l'on voulait parler des savans que ce pays a fournis, on serait obligé d'étendre cet ouvrage au-delà de ses limites. On se contentera d'en citer, pour les lettres, le même nombre que pour les armes : Michel Montaigne, le cardinal d'Ossat, Montluc et le président de Montesquieu. Trois seulement des grands guerriers ont leur place au Musée historique, le restaurateur du trône et de la couronne ne s'y trouve point !! L'importance et le mérite de l'homme si honoré, et banni, en quelque sorte, de sa place, est un sujet digne de piquer la curiosité d'un lecteur réfléchi. Il se demandera sans doute à lui-même d'où vient que ce héros n'est point dans les galeries historiques? Ce serait une injustice de s'en prendre aux directeurs. Son absence tient à un oubli qui provient de certaines causes qu'on tâchera d'expliquer dans le cours de cet ouvrage. Ils n'ont certainement pas eu l'intention de chasser un sujet qui ne pouvait que relever l'éclat de leur bel ouvrage. C'est à l'esprit du siècle où le baron de Barbazan vivait, qu'il faut remonter pour connaître la véritable cause de l'obscurité où il s'est trouvé enseveli pendant une suite de siècles. En attendant qu'on lui rende justice, réjouissons-nous à la vue de la représentation du meilleur des rois de France, qu'on voit briller de toute sa gloire dans les salles et les magnifiques galeries du Musée. Ici son berceau nous est représenté avec des circonstances particulières dont les historiens ont conservé le souvenir intéressant. Là on le voit à Ivry combattant le duc de Mayenne et joignant à l'habileté d'un grand général la bravoure d'un vrai soldat. L'on ne peut contempler ce tableau sans se rappeler les belles paroles qu'il adressa aux siens : « Mes enfans, si » les cornettes vous manquent, ralliez-vous à mon pana-» che blanc, vous le trouverez toujours au chemin de la » victoire. » — Aussi clément après avoir vaincu qu'il avait été courageux dans le fort de l'action : « Sauvez les Fran-» çais ! » criait-il dans la poursuite des fuyards. Plus loin on l'admire encore devant Paris dont les habitans souffraient la plus affreuse famine; mais touché de compassion à la vue de leurs maux, il permet que ses soldats fassent passer du pain, aux bouts de leurs lances, aux habitans affamés, quoique cette bienfaisance extrême retardât la reddition de la ville. Le bon prince, oubliant l'ingratitude des Parisiens, aimait mieux les nourrir que de les voir périr de faim. On le retrouve dans d'autres tableaux qui représentent des faits dignes de lui, et l'on sent toujours un nouveau plaisir à la vue de l'image d'un aussi bon roi, dont les vertus ont pénétré les cœurs de ses sujets d'amour et de respect. Les hommes instruits et sensibles de son pays, en particulier, jouissent d'une satisfaction plus vive encore en voyant les traits du bon Henri.

On a placé à la tête de cet ouvrage le panégyrique que l'histoire nous a transmis du valeureux baron de Barbazan, pour servir d'introduction et afin d'instruire d'abord le lecteur du juste motif de cette brochure. Il aura sans doute été frappé du beau fait d'armes de ce noble chevalier devant le château de Montendre en Saintonge, et son admiration sera partagée entre le mérite du sujet et la récompense magnifique du prince. Les annales de ce beau royaume n'offrent point un second exemple de tant d'honneurs accumulés sur la tête d'un guerrier. On devait nécessairement s'attendre à le retrouver dans un monument historique consacré à la mémoire des grands capitaines ; sa victoire au château de Montendre, si honorable et si importante par les résultats, lui donne le droit incontestable de remplir un canevas dans la plus belle galerie. Il n'en était pas ainsi à la fin de décembre 1837. Le Musée n'offrait à cette époque aucun souvenir du restaurateur du trône et de la couronne. Cette absence le prive, aux yeux du public, de la reconnaissance qu'on ne peut honorablement refuser aux hommes illustres qui ont sauvé la patrie. Mais l'omission, qui paraît d'abord une faute grave, une injustice, ne mérite aucun reproche. Si l'on réfléchit bien aux causes de l'oubli du chevalier de Barbazan, quoique très surprenant au premier coup-d'œil, personne n'en sera surpris. Il se distinguait sur le théâtre de la guerre, dans le temps même où un fait qui tient du merveilleux fixa les regards et l'attention du monde. Le vainqueur de Montendre devait nécessairement être éclipsé par la gloire d'une guerrière qu'on croyait fermement avoir été envoyée par la Puissance céleste pour sauver la patrie. On conçoit par là que les Français ne devaient penser qu'à leur conservatrice, qu'ils ne s'occupaient que d'elle, qu'elle seule était le centre où les louanges et toutes les bénédictions se portaient ; que son nom passait de la bouche des grands à celle de la population, et que toutes les classes ont dû s'entretenir de la merveilleuse Jeanne pendant plusieurs générations. Prise d'abord pour l'ange gardien du trône, elle devait être préconisée ainsi.

Le vrai philosophe, l'homme qui a cherché long-temps à reconnaître les effets des passions, sait que le peuple tombe toujours dans les extrêmes lorsqu'il s'agit de religion ou de politique. Il sait, disons-nous, que le peuple proprement dit, n'ayant point d'instruction, ignore la vérité, et que c'est par suite de cette ignorance qu'il est si souvent injuste et cruel. L'humanité se trouve dans tous les rangs.

Le nom burlesque sous lequel l'héroïne a passé pendant des siècles, et passe encore parmi les gens du vulgaire, pourrait bien avoir eu quelque part au souvenir que le peuple en a conservé. Cette classe comprend en général ce qu'on veut dire quand on lui parle de la Pucelle d'Orléans, mais elle n'entend guère ce que c'est que Jeanne d'Arc. Cependant le cours ordinaire des choses veut que tout ce qui appartient à ce monde périsse ou tombe insensiblement dans un profond oubli. Il est assez naturel de penser que la célèbre Jeanne n'était pas à un si haut degré dans l'admiration des Français, vers le milieu du dix-huitième siècle, qu'elle avait été auparavant. A peu près vers cette époque, un poème trop fameux la remet sur la scène où elle joue un tout autre rôle, mais analogue à l'esprit licencieux du temps où l'auteur vivait. Cet ouvrage devait flatter le goût des Français d'alors. Les productions de ce genre par un écrivain spirituel et fort en vogue, ne pouvaient manquer de jouir d'un grand succès, particulièrement sur les bords de la Seine. On ne pensait pas assez au mal que de pareils jeux d'esprit font à la morale. Si la pudeur de l'héroïne perd au rôle que le poète lui fait jouer, sa mémoire y gagne d'être rajeunie; elle y trouve en outre l'avantage, si c'en est un, de reparaître encore sur le théâtre pour égayer la jeunesse d'un grand Etat, qui aime les équivoques, et surtout à rire et à s'amuser sur un sujet de ce genre. Si la mémoire de la jeune fille de Domremi n'était soutenue que de la fable de Voltaire, il est vraisemblable qu'elle s'effacerait du souvenir des Français ; mais appuyée par l'histoire de France et le Musée de Versailles, l'héroïque Jeanne, plus heureuse que notre illustre chevalier, ne sera point oubliée. Le canevas et le marbre en sont garans. Elle y brille avec d'autant plus de lustre que sa statue passe pour être l'œuvre du ciseau délicat d'une jeune princesse. S'il en est ainsi, la Pucelle d'Orléans n'avait jamais été aussi dignement célébrée. Comme Apelles fut le seul qu'Alexandre-le-Grand jugea digne de tracer son image, il semble qu'il n'appartient qu'à la vertueuse adolescence de sculpter les traits d'une vierge conservatrice.

Le grand capitaine qui fait le sujet de cet essai, resta dans l'obscurité pendant des siècles, et à la fin il fut effacé du souvenir de la plus grande partie des habitans du pays qu'il avait si glorieusement défendu. Il y a environ deux cents ans que le savant Louis Moreri, docteur en théologie, le tira de cette ignoble situation. Le Dictionnaire historique des grands hommes, 8 vol. in 8º, par une société de savans, parle du baron de Barbazan comme Moreri. On y lit ces paroles, qui ne se trouvent point dans l'article de ce dernier : « Ce grand homme n'est pas assez connu. » Dans le cours d'une longue vie, consacrée en partie à la culture des lettres et des beaux-arts, l'auteur a eu de fréquens entretiens avec un certain nombre de savans, sans en avoir trouvé un qui sût que le héros de Montendre avait existé.

IIIᵉ PARTIE.

Le commencement du règne de Charles VII fut marqué par des revers bien affligeans ; toutefois, soutenu par l'honneur français et l'amour de ses sujets, il ne succomba point. La malheureuse journée d'Azincourt, où quatre princes du sang avec Charles d'Albret, connétable de France, perdirent la vie, le 25 octobre 1415, porta un coup terrible au trône ; et quoiqu'une grande partie de l'armée périt ou fut prise ; le dauphin, malgré cette perte, soutint courageusement ses droits jusqu'à la fin. Les suites de cette bataille furent plus funestes que la bataille même. Le vainqueur, Henri V d'Angleterre, profitant du malheur et de la faiblesse du roi Charles VI, obtint en mariage la princesse sa fille, Catherine de France, avec la couronne. La reine, Isabeau de Bavière, cruelle mère, s'étant déclarée pour le prince anglais, contre la loi fondamentale du royaume, la bénédiction nuptiale eut lieu dans la cathédrale de Troyes, le 20 juin 1420. Henri ne jouit pas long-temps de son triomphe. Il finit sa carrière deux ans après. On dit qu'un ermite se présenta devant sa tente lorsqu'il assiégeait Dreux; car la guerre continuait avec plus d'acharnement après le mariage ; le solitaire lui remontra que « son injuste ambi-
» tion l'avait induit à usurper le royaume de France, auquel
» il n'avait aucun droit, et que cette action lui attirerait
» quelque punition du ciel. Henri s'en moqua. Peu de
» temps après il fut attaqué de ce mal étrange que le vul-
» gaire nomme le mal de Saint-Fiacre, dont il mourut à la
» fin du mois d'août 1422, âgé de 36 ans, après avoir
» régné neuf ans. » Quoi qu'il en soit de cette histoire, la mort prématurée du roi d'Angleterre fut un événement

fort heureux pour la France. C'était un prince redoutable par sa puissance, son courage et sa politique. Contre tant de moyens, Charles VII avait tout à craindre pour sa couronne. Par surcroît de bonheur pour les Français, Henri V laissa son héritier au berceau; la division qui se mit bientôt dans le conseil du jeune prince, changea la face des affaires. La fortune de Charles VII ne s'en trouva pas mieux d'abord; mais il en recueillit le fruit dans la suite. Il s'était fait couronner à Poitiers, et ne tenait que les contrées au-delà de la Loire, à la réserve de la Guienne. Ses ennemis l'appelaient par dérision roi de Bourges. Son armée ayant été battue aux journées de Crevant, de Verneuil et à celle de Rouvroy, dite des Harengs, les Anglais assiégèrent Orléans; ils se croyaient maîtres de toute la France, lorsque Jeanne d'Arc, vulgairement nommée la Pucelle, parut sur la scène en 1429. Il ne fallait rien moins qu'une espèce de miracle pour ranimer le courage abattu des soldats de Charles VII et soutenir l'espoir de la France. Une fille de Domremi, sur la Meuse, eut une vision où elle crut voir des esprits célestes qui lui commandaient de prendre les armes, de se mettre à la tête des troupes françaises et de marcher droit aux ennemis qui serreraient la ville d'Orléans. Selon la promesse révélée, elle était sûre de remporter la victoire et de conduire le dauphin à Reims pour y recevoir l'onction sainte du couronnement. Voilà une bergère, une pauvre fille rustique, devenue amazone, comme par miracle, et commandant une armée! Il faut convenir que ce fait est là chose la plus remarquable de l'histoire de France. Nous citerons à ce sujet un passage tiré d'un historien moderne du premier mérite, qui vient à notre appui (1).

« Jeanne d'Arc était le principal instrument destiné au

(1) L'abbé Millot.

» salut de la patrie. Cette fille, née de parens pauvres dans
» un village du diocèse de Toul, n'avait que dix-sept ans
» lorsqu'elle parut sur la scène. Sa dévotion, sa simplicité,
» une imagination vive, échauffée par le récit des horreurs
» de la guerre, la rendaient fort susceptible de ces mouve-
» mens qui mettent une ame hors d'elle-même. Saint-Mi-
» chel, Sainte-Catherine lui avaient apparu dans ses exta-
» ses, disait-elle, pour lui annoncer les desseins de Dieu.
» Elle devait délivrer Orléans et faire sacrer le dauphin à
» Reims; sa mission ne s'étendait pas plus loin. »

Lorsqu'on considère ce que peut l'enthousiasme religieux sur l'esprit d'une jeune personne de dix-sept à dix-huit ans. il est facile de se rendre raison du courage de la fille soi-disant inspirée de Dieu même, et de l'effet que sa présence devait produire à la tête d'un corps d'armée, découragé par de fréquentes défaites, mais profondément pénétré de la mission céleste d'une vierge envoyée exprès d'en-haut pour le défendre, et combattre en personne l'ennemi formidable qui l'avait battu si souvent. Il est probable que Jeanne d'Arc n'alla point d'abord communiquer sa vision au gouverneur de Vaucouleurs. Avant tout, elle consulta vraisemblablement l'ecclésiastique qui la dirigeait dans ses pieux exercices, et l'on doit croire qu'elle agit d'après ses conseils. Croyait-il lui-même que le zèle de l'inspirée aurait le succès promis? Personne ne peut répondre positivement à cette question. Mais pour que le lecteur puisse asseoir son jugement, il est essentiel que son esprit revienne au temps d'ignorance et de superstition où ces choses se sont passées. Il existait à cette époque une puissance terrestre plus absolue que le roi, plus forte que tout l'État! Personne n'ignore que le pouvoir de la théocratie régnait sur l'Europe entière, et que son chef, quoique résidant au-delà des monts, pouvait d'un trait de plume, sans quitter son fauteuil, mettre un royaume en interdit et ôter à un prince la couronne de ses pères, pour la donner à un étranger. Témoin Zacharie et Pépin-le-Bref (1). Quelque chose de plus fort encore! Il commandait à des millions d'hommes de ne point approcher leur prince s'il l'avait frappé d'anathême, de casser le verre où il aurait bu, de briser l'assiette où il aurait mangé, et de brûler les restes des alimens qu'on lui aurait servis au repas; en quoi il était humblement obéi, parce que la croyance du siècle voulait que la punition vînt de la part du Tout-Puissant. Tout se faisait alors par l'ordre de Dieu, dont son vicaire dans ce monde était l'interprète et le vice-gérant. Or, cette autorité humaine, rendue en quelque sorte divine par la ruse, et soutenue par l'ignorance ou la faiblesse, s'étendait, comme on l'a déjà dit, sur la France et les autres contrées de notre partie du globe, dont les populations obéissaient à la nouvelle Rome, comme on avait autrefois obéi aux oracles de Jupiter.

Jeanne d'Arc paraissant sur la scène sous des auspices surnaturelles, devait être regardée comme un ange conservateur, descendu du ciel tout exprès pour délivrer la France du joug étranger. Les lumières du moyen-âge favorisaient à merveille une opinion justifiée en apparence par des événemens considérés alors comme miraculeux, à cause du sexe et du rang de la personne, quoiqu'il n'y ait rien en cela qui ne puisse être expliqué par le cours des choses de ce monde. Mais l'esprit du siècle ne l'entendait pas ainsi. Il fallait que des troupes découragées fussent imbues de la croyance qu'un être surnaturel en corps et en ame, mar-

---

(1) « L'ancienne histoire est surtout intéressante par l'enchaînement des » préjugés avec les affaires politiques. Je m'estimerais heureux de faire » sentir combien il importe aux hommes de cultiver leur raison pour éviter » les maux que l'ignorance a produits et long-temps perpétués parmi nos » ancêtres. »
L'abbé MILLOT, de l'Académie française.

chait à leur tête, pour qu'elles reprissent l'énergie perdue, et que leurs ennemis, infatués de la même opinion superstitieuse que ceux qu'ils avaient récemment défaits, fussent battus à leur tour, et que leur courage perdît plus encore que celui de leurs adversaires n'avait gagné sous l'égide de l'*Amazone angélique*. Aussi les Anglais éprouvèrent une défaite et furent forcés de lever le siége d'Orléans. Après plusieurs faits d'armes glorieux, Jeanne d'Arc conduisit effectivement le prince français à Reims, où la cérémonie du sacre eut lieu en présence de l'héroïne, le 17 juillet 1429, par son chancelier Renaud de Chartres, évêque de cette ville. « Les gens de guerre, disent les historiens du temps, » se croyant invulnérables avec elle, l'empêchèrent de se » retirer dans son pays après avoir rempli sa mission di- » vine, qui ne s'étendait point au-delà de ce qu'elle avait » accompli. » En voilà assez pour confirmer les Français dans la croyance que cette fille était envoyée du ciel même, et qu'aucun mortel n'aurait pu accomplir ces choses sans une mission divine (1). Les membres du corps puissant dont il a été parlé plus haut, ne manquaient pas sans doute d'entretenir le peuple dans cette opinion. Cependant la fin bien cruelle de cette malheureuse victime aurait dû convaincre des êtres pensans qu'elle n'était qu'une faible mortelle. S'il en eût été autrement, elle aurait chanté les louanges de Dieu au milieu des flammes du bûcher, comme firent les trois Hébreux que Pharaon fit jeter dans une fournaise ardente. L'esprit du quinzième siècle s'opposait à des réflexions aussi naturelles que simples.

Aveuglés par la superstition, les Anglais crurent voir une sorcière dans une héroïne qui, en tout autre temps, aurait joui de leur admiration ; mais les croyances du peuple

(1 Les peuples de l'Europe étaient plongés dans une profonde ignorance. Les lettres n'étaient connues que des hommes de la théocratie.

à l'époque où Jeanne se trouvait prisonnière, portèrent les ennemis de Charles VII à commettre un crime horrible, dont leurs descendans ont rougi, et qu'ils condamnent encore. Les Français, non moins esclaves des préjugés de ce temps-là, croyaient fermement que cette fille avait en elle quelque chose au dessus de l'humanité. D'après ces faits, on ne doit pas être surpris de sa grande renommée pendant plusieurs siècles; d'une célébrité, disons-nous, qui fut, si l'on veut bien nous pardonner le terme, une espèce d'éteignoir pour étouffer la lumière éclatante d'un héros qui, par son éducation, son rang et ses services importans, devait au moins être à la hauteur d'une pauvre paysanne. Le chevalier de Barbazan n'est pas le seul qui ait essuyé cette sorte de disgrâce. D'autres caractères marquans de son siècle, qui ont contribué par leur valeur à fixer Charles VII sur le trône de ses pères, ne sont guère plus renommés. Nous devons faire à Jeanne la justice de dire que l'honneur d'avoir rendu le courage aux soldats français lui appartient. C'est elle qui fit couronner le prince à Reims, le 17 juillet 1429; cérémonie qui lui donnait une force morale dans l'esprit de ses fidèles sujets et qui était d'une grande conséquence alors; mais elle tomba entre les mains des ennemis à Compiègne et fut conduite à Rouen en 1430. Il est donc bien impossible qu'elle ait pu accomplir le grand œuvre de la restauration en si peu de temps; cependant elle en a recueilli toute la gloire. D'ailleurs, d'après des historiens respectables, les Anglais ne furent expulsés de la France que 21 ans après sa mort. Ces auteurs nous donnent aussi le mois, le quantième et l'année où Jeanne fut prise. On voit par les dates qu'elle ne peut avoir resté plus d'un an sur la scène d'action. Accusée d'abord de sortilège en cour ecclésiastique, on reconnaît à cette inculpation les lumières dont les prêtres qui la composaient étaient éclairés. Ils commencèrent par l'excommunier et la livrèrent ensuite au bras séculier qui la fit brûler vive le 30 mai 1430.

Il ne sera peut-être point hors de propos de rapporter ici une circonstance particulière concernant cette héroïne. Soit que les auteurs de sa mort eussent honte du meurtre commis sur sa personne, soit par quelqu'autre raison qu'il est impossible de savoir aujourd'hui, on fit courir un bruit qui obtint un certain crédit dans les esprits pendant plusieurs années, mais dont la fausseté fut découverte dans la suite. « On fit croire que cette fille, comme une seconde
» Iphigénie, ne fut point sacrifiée et qu'on mit à sa place,
» non une biche, mais bien une autre guerrière digne du
» même supplice. Par ce tour d'adresse on sauva Jeanne
» d'Arc des tourmens du feu. » Pour mieux en imposer au monde, on fit paraître en Lorraine une personne qu'on assurait être la véritable Pucelle. Celle-ci joua pendant assez long-temps le rôle du faux dauphin de nos jours, qu'on cherchait à faire passer pour Louis XVII, sacrifié à la haine des républicains, ennemis jurés de la dynastie, et qui crurent détruire en lui le dernier de nos rois. La fourberie fut conduite avec assez d'art pour engager quelques écrivains de ce temps à croire le faux rapport. Selon ces auteurs : « La véritable Pucelle avait été exposée le 24 mai
» 1430 sur un échafaud public, en conséquence de l'avis
» envoyé à Rouen par l'Université de Paris, qui la jugeait
» digne de mort ; mais qu'elle y fut seulement admonestée,
» puis remise en prison pour y passer le reste de sa vie.
» Qu'ensuite, pour contenter l'animosité des Anglais, on
» la condamna à être brûlée toute vive ; ce que l'on ne voulut pas exécuter en sa personne, parce que l'on ne croyait
» pas qu'elle fût assez coupable pour mériter ce supplice.
» On choisit une personne du même sexe, digne d'une mort
» aussi cruelle ; et après avoir disposé toutes choses, on
» conduisit cette criminelle au supplice, avec une espèce

» de mitre sur la tête et un écriteau qui contenait les
» crimes dont on avait accusé la Pucelle d'Orléans, ce
» qui servit à faire passer cette feinte pour une vérité. » Ils
ajoutent : « Que l'évêque de Beauvais, qu'on avait rendu
» maître de la vie et de la mort de Jeanne d'Arc, était
» Français ; que cinq semaines entières s'écoulèrent entre
» la dernière sentence et l'exécution, comme on le voit par
» la comparaison des dates de Pasquier et de Serres ; le
» premier mettant cette condamnation au sixième juillet,
» qui est un délai extraordinaire en justice, et qui avait
» été ordonné afin d'avoir le temps de préparer ce qui était
» nécessaire pour faire réussir la feinte. » Les mêmes auteurs citent à l'appui de leur hypothèse, des lettres de gratification du duc d'Orléans de l'année 1443, par lesquelles ce prince reconnaît les services de Jeanne d'Arc et de son frère Pierre, en ces termes : « Ouï la supplication dudit
» messire Pierre, contenant que pour acquitter la loyauté
» envers le roi notre sire et monsieur le duc d'Orléans, il
» se partit de son pays pour venir à leur service en la com-
» pagnie de Jeanne la Pucelle, sa sœur, avec laquelle et
» jusques à son absentement, et depuis jusques à présent,
» il a exposé son corps et ses biens audit service. »

Selon l'acception que ces auteurs donnent au vieux mot *absentement*, il faudrait conclure qu'elle était absente et non morte. Ceci rappelle un fait historique qui eut lieu au commencement de la révolution de 1789 : — Un soldat tenant par le nom à une des plus illustres familles, enthousiasmé peut-être du nouvel ordre des choses, ne voulut accepter aucun grade dans l'armée ; c'était sans doute pour ne point déroger aux idées chimériques d'égalité, de république une et indivisible, idées qui avaient porté les esprits à un si haut degré d'exaltation qu'ils y gagnèrent le nom d'*enragés* : c'est à cause de cela vraisemblablement que La Tour d'Auvergne se contenta du rang de premier grenadier de France. Après les plus grandes preuves de valeur et de force d'ame il fut enseveli dans le champ d'honneur. L'armée républicaine, désirant perpétuer sa mémoire, voulut le faire revivre en l'appelant d'abord à la tête de chaque compagnie de grenadiers de la république. Avant la revue du général, le sergent chargé de faire l'appel prononçait à haute voix le nom de La Tour d'Auvergne, et tous les camarades répondaient sur le même ton : « Absent. »

On voyait dans un manuscrit, qui se trouvait aux archives de Metz, que bientôt après la mort de Jeanne d'Arc il y eut dans cette ville une jeune guerrière qui passait pour la véritable héroïne d'Orléans. Elle avait épousé un certain chevalier des Armoises dont elle eut deux enfans, et vécut dans cette ville avec son mari et sa famille. Après des recherches rigoureuses on fut pleinement convaincu de la supercherie, et la prétendue Pucelle déclara à Paris qu'elle n'était point Jeanne d'Arc.

Après la mort de la véritable Jeanne, la guerre, comme on l'a déjà vu, se faisait avec plus d'acharnement. Le duc de Bourgogne, soutenant le parti anglais, donnait au prince mineur, Henri VI, un très grand avantage. On fit venir le jeune roi à Paris ; il y fut couronné d'une double couronne dans l'église cathédrale le 27 novembre 1431 (1).

On voit par ces faits historiques qu'à la mort de Jeanne d'Arc les affaires du dauphin étaient bien loin de l'état prospère que les vrais Français désiraient avec tant d'ardeur. Le sang coulait en France de part et d'autre. Des troubles civils survinrent en Angleterre ; ces dissensions nuisaient aux intérêts du roi encore enfant, autant qu'elles favorisaient la juste cause de Charles VII. — Rouen se

---

(1) Les rois d'Angleterre prirent alors le titre de rois de France ; il a été conservé dans les lettres patentes de ces princes jusqu'au règne de Georges IV.

rendit. Les ennemis furent défaits à Fourmigni et chassés de la Normandie. Il ne leur restait plus que la Guienne qu'ils perdirent aussi, selon toutes les apparences, par suite du célèbre combat singulier qui eut lieu près du château de Montendre en Saintonge; si bien qu'ils n'avaient plus en France que Calais et le comté de Guines dès 1451.

IVᵉ PARTIE.

On a vu que Jeanne d'Arc mourut en 1430, et ce ne fut qu'en 1451 que les Anglais perdirent définitivement le dernier duché qu'ils possédaient en France. Ils restèrent donc vingt et un ans chez nous après la mort de Jeanne; d'où il résulte qu'elle a pu contribuer dès son apparition aux succès du prince français, mais que le titre de restaurateur du trône et de la couronne appartient, de droit, à l'illustre chevalier de Barbazan, puisque Sa Majesté le lui a accordé par lettres patentes, et que ses rares vertus lui ont mérité le glorieux nom de Chevalier sans reproche.

Après une guerre si longue, si sanglante, les deux nations se trouvaient épuisées : lasses de faire couler le sang humain, elles devaient désirer de mettre fin au carnage et de rétablir la paix entre deux puissans états qui s'étaient déchirés pendant une longue suite d'années sans pouvoir terminer leur querelle; en conséquence on convint d'en remettre la décision à un combat singulier de six chevaliers français contre six chevaliers anglais. On a déjà lu l'article, au commencement de cet ouvrage, qui rend compte du résultat de cette affaire. On peut ajouter hardiment qu'il n'existe point, dans tout le Musée historique, un sujet qui soit plus digne du pinceau d'un grand peintre français, et que l'absence du cadre qui doit représenter la glorieuse victoire de Montendre, serait une tache nuisible à un établissement admirable sous tous les autres rapports (1). C'est aux Français

---

(1) Il faut convenir que le portrait du restaurateur du trône et de la couronne, serait, sinon impossible, du moins très difficile à recouvrer ; mais les vrais traits des guerriers ne sont point indispensablement nécessaires

éclairés et justes, de quelque partie du royaume qu'ils soient, à décider sur ce point. On ne craint pas de s'en rapporter à leur jugement qui, on ose le croire, sera en harmonie avec l'opinion de l'auteur de cet imprimé.

Il ne peut y avoir de dissidence sans révoquer en doute la gloire militaire et le fait d'armes du chevalier de Barbazan au combat de Montendre, sans taxer d'infidélité un auteur du 17e siècle qui jouit d'une haute considération dans la république des lettres, et dont l'ouvrage historique fut dédié à Louis XIV. Il faudrait supposer aussi que la société des savans qui publia le dictionnaire des *Grands Hommes* long-temps après, s'était réunie pour imposer au public une fable au lieu d'une vérité; il faudrait enfin que les dix citations que le savant docteur Moreri nous a transmises, à l'appui du panégyrique qu'il a laissé, eussent été prises sous son bonnet. On ne saurait croire que de telles idées puissent entrer dans un esprit droit. En définitive, ce que les historiens nous apprennent est controuvé, ou le chevalier de Barbazan est de tous les guerriers que la France a produits, celui qui a été le plus honoré de son prince, celui qui lui a gagné la belle partie dont sa royauté et le nom français étaient l'enjeu.

On trouvera peut-être trop d'exaltation et de partialité dans la plaidoirie d'un vieillard qui défend la cause de sa patrie naturelle, et celle d'un vaillant compatriote privé de son rang dans les galeries historiques où il a le droit d'occuper une place d'honneur. S'il en était ainsi, il en appellerait encore aux lecteurs sensibles et justes; ce serait à eux à décider si son zèle, dans une cause patriotique, est

---

pour représenter une action mémorable. Les artistes qui ont peint la bataille de Tolbiac et le combat de trente Bretons contre trente Anglais, au chêne My-Voie, n'ont pas prétendu nous donner la ressemblance des principaux combattans.

digne de blâme ou de louange. Il est vrai que le nom de Barbazan vivrait dans l'histoire en dépit de l'oubli qu'il éprouve, mais il serait mort dans le souvenir de la grande masse du peuple français qui ne lit point les gros volumes in-folio pour s'instruire sur les anciens temps de la monarchie, et moins encore les chroniques gauloises du moyen-âge.

Le but principal de l'auguste auteur du Musée est sans doute l'instruction de son peuple, en mettant sous ses yeux la gloire des hommes éminens du royaume, leurs hauts faits et des exemples dignes d'être imités. Or, quel est le caractère, parmi ceux qui se trouvent dans les annales et au Musée de Versailles, qui ait plus de droit à son souvenir et à sa reconnaissance que les héros dont la valeur sauva la France et le nom français?

Un esprit cauteleux pourrait trouver dans les dates, des incohérences sur lesquelles il chercherait à baser ses doutes concernant l'authenticité des faits qui honorent le chevalier de Barbazan. On convient de bonne foi que l'an 1404 ne peut être l'époque du combat de Montendre, puisque Charles VII vint au monde en l'an 1403; l'erreur saute aux yeux, le prince n'aurait eu qu'un an; un enfant au berceau ne pouvait point offrir un sabre au vainqueur; mais on ne saurait découvrir dans cette espèce de contradiction qu'un de ces anachronismes très communs dans les anciennes annales, ou une erreur du copiste en transcrivant. Il faut se souvenir que l'imprimerie n'était point encore en usage; d'ailleurs l'anachronisme ne peut rien changer au fait, il reste toujours le même malgré l'erreur de la date. Il est probable que le combat eut lieu peu de temps avant l'an 1451, époque où les Anglais furent forcés d'abandonner la Guienne.

On a déjà tâché de faire connaître les causes de l'oubli contre lequel on a réclamé, en suivant toujours les lumières qui paraissent conformes au bon sens et à la droite raison, sans être poussé par aucune idée hostile aux usages qui s'observent aujourd'hui, soit en matière de religion, soit concernant la politique. Nous avons employé les termes *droite raison*, sans avoir la vanité de croire que nous sommes guidés par elle exclusivement. Nos lumières nous paraissent vraies, et nous admettons que chacun a sa part de raison plus ou moins droite : la grande difficulté consiste à distinguer la droite de la tortueuse. Tout le monde veut être du côté droit, et malheureusement le tribunal infaillible qui peut seul trancher la question, n'est point ici-bas. Toutefois il existe un fait incontestable, c'est la déchéance de ce pouvoir, à la fois terrestre et surnaturel, qu'on ne voit plus que dans la personne du grand Lama chez les Indiens idolâtres. Quiconque possède un peu de jugement et de bonne foi, doit se dire à soi-même : ce pouvoir était établi sur de fausses bases parce qu'il s'est écroulé. Ce que Dieu a fondé est impérissable. L'Evangile !

Ou les générations des siècles, que l'histoire appelle barbares, faisaient des choses que nous blâmons fort parce qu'elles nous paraissent horribles et que, depuis la renaissance des lettres et des arts, tous les historiens respectables s'accordent à les condamner; ou elles sont dignes d'être admirées et soutenues du Tout-Puissant. On n'a pas besoin de posséder l'intelligence angélique pour décider sur un point aussi aisé à résoudre. Ce serait condamner toutes les nations civilisées et se condamner soi-même, que de prononcer un jugement favorable à la barbarie contre l'humanité et notre propre raison; d'ailleurs, puisque Dieu a voulu que ce pouvoir ne fût plus, il l'a condamné : conséquence qu'un chrétien ne peut nier sans être en contradiction avec lui-même.

On ajoutera aux raisons que nous nous sommes permis d'émettre pour expliquer l'oubli du héros de Montendre, une cause de laquelle il n'a pas encore été parlé. Les hommes se laissent presque toujours éblouir par les apparences éclatantes de l'extérieur, par la pompe et les cérémonies majestueuses ; leur esprit ne se porte que rarement jusqu'au fond des choses pour en bien connaître le mérite et pour les juger par le motif qui les a produites. Si la cupidité en est le créateur, elles doivent être condamnées malgré l'autorité d'une longue existence ; ceci est prouvé par un grand nombre d'exemples ; mais on est tellement attaché aux formes, qu'on ne pense pas au fond, et cependant c'est le principal. Qui n'a pas entendu vanter, chacun pour sa paroisse, la beauté et la pompe d'une procession ? Ici le plus essentiel est mis de côté ; on ne pense qu'à l'éclat et à la broderie de l'œuvre de l'homme. Si quelqu'un osait dire que la procession d'un pauvre village est plus belle que celle qui se fait à Rome, on le traiterait de fou ; cependant rien n'est plus certain si le fond de la cérémonie compte pour quelque chose. L'onction, le recueillement, la décence, et surtout la foi, règnent dans l'une, tandis que la grandeur mondaine, la magnificence, l'éclat de l'or, des pierreries, d'un grand nombre de flambeaux, la vaine gloire enfin fixant les yeux et l'esprit de la plus grande partie des assistans, ils oublient l'humilité, le profond respect que l'on doit apporter à une cérémonie faite pour honorer le Sauveur du monde qui condamne toutes les vanités. Il en est de même à l'égard des choses profanes. Par exemple, une bataille entre deux armées de cent cinquante mille hommes de chaque côté, où un nombre épouvantable de bouches à feu aura vomi la foudre de toutes parts et couvert un vaste champ de bataille de morts et de mourans, jouira d'un bien plus grand renom qu'un combat entre douze vaillans chevaliers, six de chaque parti, dévoués et prêts à sacrifier leur vie, non pour s'emparer d'un coin de terre qui ne leur appartient pas, mais bien pour le salut de leur patrie. Rien ne peut être plus beau que ce dévoûment. Toutefois, selon l'ordre des choses de ce monde, on l'oublie, ou le souvenir n'en reste qu'à un très petit nombre de personnes éclairées, parce que l'esprit mondain le veut ainsi. Cet esprit ne considère que l'éclat, la magnificence et la grandeur des choses; il s'attache trop à l'extérieur, au superficiel, pour pouvoir distinguer l'utile et l'apprécier à sa juste valeur. Les talens militaires, réels ou supposés, d'un général victorieux, quoique son succès soit souvent dû à des causes accidentelles, les savantes manœuvres qu'il a su concevoir et faire exécuter, son flegme pendant l'action, la valeur et l'intrépidité de ses troupes, voilà ce qui occupe les hommes; c'est un beau sujet qui offre à l'historien un autre champ pour déployer à son tour ses facultés dans l'art d'écrire; aussi tout le monde se presse pour lire les détails pompeux du gazetier! Le nom du chef qui commande dans une telle bataille, disons-nous, obtient une renommée qu'on n'accorde pas au guerrier qui n'a sous ses ordres que six hommes, parce qu'il juge sur les apparences et non sur les résultats. L'honneur d'avoir défait l'armée de l'ennemi, d'avoir eu la gloire d'en poursuivre les débris au-delà des mers, et subjugué une grande étendue de territoire : tout cela présente à l'esprit du peuple l'idée de grands avantages réels, mais qui n'existent souvent que dans l'imagination. Il apprend bientôt ce peuple que, de tant de belles conquêtes, il ne reste à son pays que le nom du général et celui de la bataille qu'il a gagnée. Qu'on vienne aux résultats : les troupes ont combattu vaillamment; elles ont eu l'honneur de vaincre l'ennemi, de lui tuer un nombre considérable d'hommes, et de n'en avoir presque point perdu de leur côté. Voilà tout : car on ne peut, sans choquer le bon sens, compter le territoire conquis au prix d'un sang précieux à la patrie, lorsqu'après la guerre il n'en reste pas un pouce aux vainqueurs. Peut-être avons-nous écrit avec trop de hardiesse et de franchise sur deux sujets bien délicats ; la pureté de nos intentions nous rassure. Qu'il nous soit permis, avant de conclure, de demander à ceux que ce petit ouvrage peut intéresser particulièrement, de vouloir bien peser les conséquences de la grande bataille dont on vient de faire un très faible tableau avec celles du petit combat ; c'est tout ce que désire un bon Français parvenu à la vieillesse. S'il obtient cette faveur, Montendre jouira au Musée de Versailles de l'honneur qu'on a accordé au chêne Mi-Voie ; et le patriote philosophe dira : « Il mérite d'y être aussi bien que la grande bataille !

www.ingramcontent.com/pod-product-compliance
Lightning Source LLC
Chambersburg PA
CBHW061007050426
42453CB00009B/1307